David y Goliat

Título original: David and Goliath

© 2001 Tucker Slingsby Ltd
© de esta edición, Editorial Esin, S. A.

Este relato está basado en: 1 Samuel 17 a partir de una versión autorizada de la Biblia.

Ilustración de Jan Lewis
Texto de Jane Scarsbrook
Diseño de Mick Wells y Bob Mathias
Adaptación de Emilia Hernández

No está permitida la reproducción total o parcial de este libro,
ni su tratamiento informático, ni la transmisión de ninguna forma o por cualquier medio,
ya sea electrónico, mecánico, por fotocopia, por registro u otros métodos,
sin el permiso previo y por escrito de los titulares del copyright.

Caspe, 79. 08013 Barcelona
Tel. 93 244 95 50
Fax 93 265 68 95
combel@editorialcasals.com
Edición: septiembre de 2001
ISBN: 84-7864-586-1
Depósito legal: B-33511-2001

David y Goliat

David, joven israelita, noble, obediente y bravo, recibió de su padre este importante encargo.

"Tus hermanos luchan contra los filisteos, corre al campo de batalla a llevarles el almuerzo."

Cuando llegó David, contempló en plena batalla a sus hermanos Eliab, Abinadab y Shammah.

David se abrió camino con esfuerzo entre todos, mas de pronto surgió un grandísimo alboroto.

Al otro lado del valle, en el campo filisteo
David vio a un soldado grande, alto y feo.

"¡Israelitas!, elegid a vuestro mejor guerrero para luchar contra mí, cuerpo a cuerpo."

Los israelitas se miraron y entre ellos comentaron: "Yo no." "Ni yo", con temor se retiraron.

Goliat repitió: "Contestad, mequetrefes. Si gano, seréis mis esclavos para siempre."

David se empinó: "Sólo soy un pequeñajo, pero podría vencer", dijo con desparpajo.

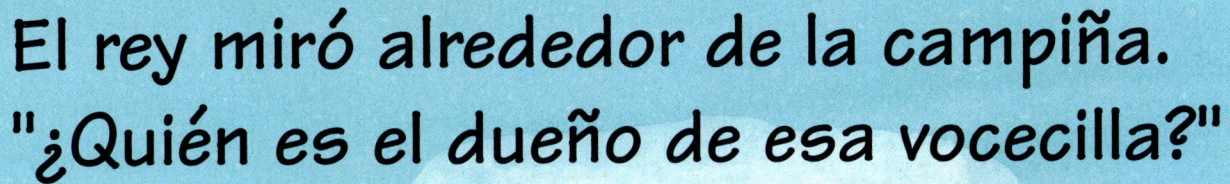

El rey miró alrededor de la campiña. "¿Quién es el dueño de esa vocecilla?"

"¡Eres tan joven y tan menudo!
De Goliat no se salvará ni uno."

David explicó que le protegería el Dios bondadoso: "Él me ayudó antes contra un león y un oso."

Así fue David vestido para pelea tan dura,
¡pero, imposible moverse dentro de tal armadura!

Desprendido así de todo, se enfrentó al "terrible" con tan solo una piedra y una honda flexible.

Cuando Goliat vio a David soltó una carcajada:
"Un bufido mío le convertirá en mermelada."

David giró su honda como un propulsor.
La piedra salió lanzada e hirió al grandullón.

Del golpe, Goliat a tierra cayó.
Desde millas de distancia la caída se oyó.

Cuando al gigante muerto los filisteos vieron, se dieron media vuelta y como locos huyeron.

La batalla estaba ganada. El rey feliz reconoció que el elegido por Dios era David.

Los hombres y las mujeres le vitoreaban: "¡Bien por David, con su fe en Dios nunca falla!"

Esta historia la puedes encontrar en la BIBLIA
1 SAMUEL 17